Ateliers
RENOV'LIVRES S.A.
2003

INSTRUCTION
SUR
L'EXERCICE
DE
L'INFANTERIE.

Du 29 Juin 1753.

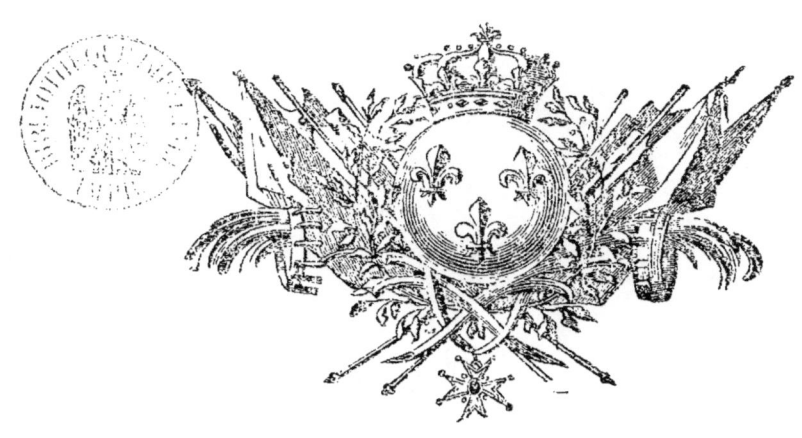

A PARIS,
DE L'IMPRIMERIE ROYALE.
──────────────
M. DCCLIII.

TABLE
DES
TITRES CONTENUS DANS L'INSTRUCTION SUR L'EXERCICE DE L'INFANTERIE,
du 29 juin 1753.

DE la formation des Bataillons. . . . Page 3

De la manière dont les Officiers & Sergens doivent porter leurs armes, & saluer. 10

De la Marche. 16

Des Évolutions par rangs & par files. 19

Des Évolutions pour rompre & reformer les Bataillons. 28

De la Colonne. 38

De l'Exercice du feu. 45

Du Ralliement. 57

Des batteries des Tambours, & des signaux relatifs aux évolutions , ... 58

Des Revûes. 61

INSTRUCTION

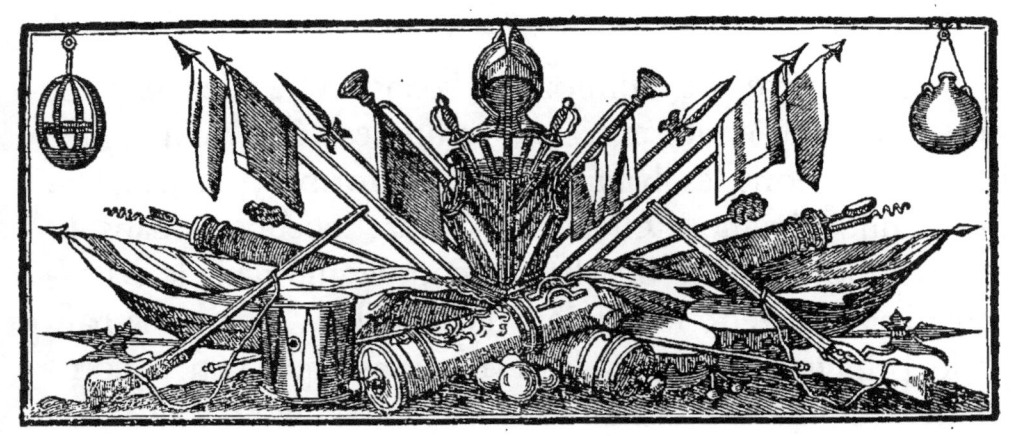

INSTRUCTION
SUR L'EXERCICE
DE
L'INFANTERIE.
Du 29 Juin 1753.

L'OFFICIER & le Soldat ayant dû se mettre en état d'exécuter tout ce qui leur est prescrit par les ordonnances & instructions que le Roi a fait remettre aux régimens d'Infanterie, concernant le service de ce corps en campagne, le maniement des armes & la marche des différens pas: il restoit à les former à ce que chacun d'eux, & tous ensemble, ont à pratiquer dans les mouvemens & évolutions que les bataillons doivent faire, soit devant l'ennemi, ou dans le cours du service journalier.

A

Pour mettre de l'uniformité dans cette dernière & principale partie des exercices militaires, il a fallu régler la manière dont les bataillons seront formés, en fixant la place que chaque Officier & Soldat occupera dans sa compagnie, & celle de chaque compagnie dans le bataillon. C'est par cette formation du bataillon, comme la base & le principe de toutes les évolutions, que l'on a commencé la présente Instruction, où, après avoir traité successivement de la manière dont les Officiers doivent porter l'esponton & en saluer, de la marche, des évolutions par rangs, par files, par divisions, & en colonne, & des différens feux de pied ferme & en marchant, on finit par indiquer comment les troupes doivent être formées dans les revûes.

Sa Majesté veut que les Commandans des corps tiennent la main, avec la plus grande exactitude, à ce que les troupes qui leur sont subordonnées soient instruites & exercées aux mouvemens qui y sont expliqués : Son intention étant que l'on n'en pratique point d'autres dans les camps qui seront assemblés cette année, sans la permission de ceux qui les commanderont ; & que les Inspecteurs vérifient, lors de leurs revûes, si tous les régimens seront en état de les exécuter. Elle veut bien que les Commandans de ces camps reçoivent les observations qui pourront leur être faites, pour rendre cet ouvrage plus parfait & plus complet ; & que les Commandans des corps qui ne camperont pas, adressent les leurs au Secrétaire d'état ayant le département de la guerre : mais Elle entend qu'il ne soit rien proposé à cet égard qu'en particulier, & sans déranger en aucune façon l'exécution de ce qui est ordonné.

DE LA
FORMATION DES BATAILLONS.

DANS toutes les occasions, soit pour camper, pour se mettre en bataille ou pour marcher, les compagnies d'un même bataillon seront couplées deux à deux pour former des pelotons dans l'ordre suivant.

Arrangement des pelotons.

La première & la septième compagnies formeront le premier peloton, qui fermera la droite du bataillon : la deuxième & la huitième compagnies formeront le deuxième peloton, qui fermera la gauche du bataillon : la troisième & la neuvième compagnies formeront le troisième peloton, qui se placera sur la gauche du premier peloton : la quatrième & la dixième compagnies formeront le quatrième peloton, qui se placera sur la droite du deuxième peloton : les cinquième & sixième pelotons, formés l'un des cinquième & onzième compagnies, & l'autre de la sixième & de la douzième, rempliront successivement dans le même ordre le centre du bataillon.

La compagnie des Grenadiers marchera à la tête du bataillon quand il sera en colonne ; & elle se formera sur sa droite quand il sera en bataille. Le piquet sera à la queue du bataillon en marche, & se formera à sa gauche en bataille.

On avertira une fois pour toutes, que l'ordre des droites & des gauches doit toûjours être inverti lorsqu'une troupe marchera à colonne renversée, ou qu'elle se formera par sa gauche.

LORSQUE les régimens seront en bataille, les rangs

Place des Officiers.

& les files ouverts, les Officiers feront à la tête de leur troupe, comme il est prescrit par l'ordonnance du 7 mai 1750; mais toutes les fois qu'on fera serrer les rangs & les files pour manœuvrer, les Officiers prendront les places ci-après indiquées.

Le Colonel se tiendra au centre de son bataillon, trois pas en avant du premier rang; le Lieutenant-colonel à sa gauche, un demi-pas en arrière; les Commandans de bataillons au centre, & à la distance de deux pas du front de leur bataillon.

Le Capitaine de Grenadiers deux pas en avant de la tête de sa compagnie; & le Capitaine de piquet à la même distance de la tête de cette troupe.

Tous les autres Officiers entreront dans les rangs, ou passeront derrière leur troupe, comme il va être expliqué.

Le Capitaine de la première compagnie de chaque peloton formé par sa droite, se tiendra dans le premier rang à la droite du peloton, ayant derrière lui son Lieutenant au quatrième rang, & les deux Sergens au second & au troisième rangs.

Le Capitaine de la seconde compagnie du peloton se placera en serre-file derrière le centre du peloton: son Lieutenant fermera la gauche du premier rang, ayant derrière lui le premier Sergent au quatrième rang, le second au deuxième, & un Caporal au troisième.

Le Lieutenant des Grenadiers sera derrière la compagnie en serre-file; le Sous-lieutenant & le premier Sergent fermeront la droite & la gauche du premier rang; le second Sergent & le premier Caporal la droite & la gauche du quatrième rang; deux autres Caporaux la droite

& la gauche du second rang, & deux Anspessades la droite & la gauche du troisième rang.

Le Lieutenant du piquet se placera derrière en serre-file; deux Sergens fermeront la gauche & la droite du premier rang; deux Caporaux la gauche & la droite du quatrième rang; un troisième Caporal & un Anspessade la gauche & la droite du second rang, & deux autres Anspessades la droite & la gauche du troisième rang.

S'il manque à une de ces troupes un Capitaine, Lieutenant, Sergent, Caporal ou Anspessade, sa place sera remplie par celui qui le suit dans ladite troupe; sans cependant qu'aucun passe d'une compagnie à l'autre du même peloton, excepté pour les places de Commandant & de serre-file du peloton, qui seront toûjours remplies par les deux plus anciens Officiers de l'une ou de l'autre compagnie du peloton.

Chaque fois que les Officiers sortiront des rangs, les bas Officiers qui y seront en file avec eux, rempliront leur place; celui du deuxième rang passant au premier, & celui du troisième au quatrième, laissant les places du deuxième & du troisième rangs vuides; & lorsque les Officiers rentreront dans les rangs, ces bas Officiers reprendront leur première place.

On parlera ci-après de la place des Officiers dans les marches & dans les revûes.

Les deux files du centre du peloton seront remplies chacune par des Caporaux & Anspessades de la compagnie qui formera cette file. *Distribution des Soldats dans les rangs.*

Le reste des rangs de chaque compagnie sera formé,

favoir, le premier rang, des plus anciens Soldats; le quatrième rang, de ceux qui fuivront les premiers en ancienneté: on placera les autres fucceffivement dans le deuxième & le troifième rangs, qui par ce moyen fe trouvera compofé des plus nouveaux Soldats.

On fuivra le même ordre dans la diftribution des rangs de la compagnie des Grenadiers.

A l'égard du piquet, on en rangera les Soldats fuceffivement dans le premier, le deuxième, le troifième & le quatrième rangs, felon le rang que les compagnies qui les auront fournis tiennent dans le bataillon.

Manière de fe former.   POUR former les pelotons dans cet ordre, on commencera, lorfqu'on battra l'affemblée, par ranger les compagnies en haie, fuivant l'ancienneté des Soldats, par la droite ou par la gauche felon que les compagnies devront faire la droite ou la gauche d'un peloton : enfuite on fera fortir du rang les Caporaux & Anfpeffades néceffaires pour garnir les deux files de la compagnie, qui devront être fur un des flancs & du centre du peloton; & quand on aura marqué la féparation du refte en quatre divifions égales, on commandera :

1. *Que la première divifion ne bouge.*
2. *Je parle aux trois autres.*
3. *A droite & à gauche, formez la compagnie.*
4. *Marche.*

LES deux premiers commandemens ne ferviront que d'avertiffement : Au troifième, les Soldats de la feconde

divifion feront à gauche ou à droite, & ceux de la troifième & de la quatrième feront à droite ou à gauche.

Au quatrième, les troifième & quatrième divifions marcheront devant elles, pour aller joindre la première, & la
deuxième divifion paffera par derrière pour fe mettre à la
fuite de la quatrième.

Pendant que ces divifions marcheront, les Sergens,
Caporaux & Anfpeffades deftinés à fermer les rangs, s'y
placeront où ils devront être.

Ce mouvement étant achevé, on commandera :

1. *Halte.*
2. *Remettez-vous.*
3. *A droite, ou à gauche, par un quart de converfion formez vos rangs.*
4. *Marche.*

Les divifions s'étant mifes en mouvement au quatrième
commandement, pour mettre la compagnie fur quatre rangs
par un quart de converfion, elle marchera en cet ordre
pour fe rendre fur le champ de bataille à la place qui lui
eft deftinée, où les Officiers fe trouveront pour en faire
l'infpection.

Les bataillons d'un même régiment devant fe placer
alternativement à droite, à gauche & au centre, on obfervera que l'ordre des pelotons, des Grenadiers & des piquets,
fera renverfé, non feulement dans les bataillons qui fermeront la gauche du régiment, mais encore dans le
troifième bataillon qui fera à la gauche du premier, dans
les régimens compofés de quatre bataillons ; ce qui ne
changera rien à la difpofition des piquets dans les camps,

Difpofition des bataillons d'un même régiment.

dont le faisceau sera toûjours à la droite de chaque bataillon.

Régimens Suisses. LES régimens Suisses seront rangés dans le même ordre que les régimens François, chacune de leurs compagnies formera deux pelotons commandés par le Capitaine & le Capitaine-lieutenant : le premier Lieutenant sera de serre-file, & les rangs des pelotons seront emboîtés comme il est dit pour les pelotons des régimens François.

Drapeaux. QUAND on battra aux drapeaux, le Major fera porter le fusil sur l'épaule ; & le régiment ou bataillon marchera tout de suite en avant, les Officiers chacun à leur place.

Les deux drapeaux de chaque bataillon seront placés, l'un entre les deux files du centre du cinquième peloton, & l'autre entre les deux files du centre du sixième peloton.

Dans les régimens Suisses, ils seront au centre du premier peloton de chaque compagnie.

On commandera pour la garde des drapeaux les deux plus anciens Sergens du bataillon, qui ne seront commandés pour aucun autre service : ces Sergens auront avec eux chacun un Caporal & un ancien Fusilier de leur même compagnie.

Dans les camps, les Enseignes se rassembleront avec cette garde derrière les drapeaux lorsqu'on battra l'assemblée.

Quand le bataillon sera formé, ils iront se placer vis-à-vis du centre du peloton dans lequel ils devront entrer, les deux Sergens marchant à leur droite & à leur gauche;

les

les deux Caporaux derrière eux avec les deux Fufiliers ; les Caporaux & les Fufiliers ayant les armes fur le bras gauche, & la bayonnette au bout du fufil.

Le Major voyant arriver les drapeaux fera mettre la bayonnette au bout du fufil & préfenter les armes au bataillon : les Officiers & Sergens fe tiendront à leur pofte appuyés fur leurs efpontons & hallebardes, & mettront le chapeau bas de la main gauche.

Dès que les Enfeignes auront pris leur place à la tête du bataillon, le Major fera ceffer de battre aux drapeaux, & fera les commandemens néceffaires pour ôter la bayonnette, & remettre le fufil fur l'épaule.

Lorfque les drapeaux pafferont derrière le bataillon pour le maniement des armes, les Sergens, Caporaux & Fufiliers chargés de les garder, y pafferont auffi, & fe placeront auprès d'eux à la queue du bataillon comme ils étoient à la tête.

Ils entreront dans les rangs en même temps que les Officiers lorfque les bataillons devront manœuvrer ; & alors les Enfeignes fe mettront dans le deuxième rang, ayant au premier, devant eux, les Sergens, & derrière eux, aux troifième & quatrième rangs, les Caporaux & Fufiliers chargés de les garder.

Si lorfqu'on rompra le bataillon il arrive que les deux compagnies du peloton où feront les drapeaux, foient féparées, ils marcheront avec la onzième & la douzième compagnies, fe plaçant à leur centre.

B

DE LA MANIERE
DONT LES OFFICIERS ET SERGENS
doivent porter leurs armes, & saluer.

Se repoſer ſur l'eſponton.

LES Officiers d'Infanterie étant repoſés à la tête de leur troupe, auront les deux pieds égaux devant eux, les talons ouverts à un pied de diſtance : ils tiendront leur eſponton de la main droite à côté d'eux, le bras tendu à la hauteur de l'épaule, le pouce le long de la hampe, le talon de l'eſponton à terre, à ſix pouces du pied droit, & la main gauche pendante ſur le côté.

Porter l'eſponton.

QUAND ils marcheront à la tête ou à la queue de leur troupe, ils porteront l'eſponton de la même main, le tenant par le milieu de la hampe, le bras pendant de toute ſa longueur, de manière que le talon de l'eſponton ſoit environ à un pied de terre.

Quand ils ſeront dans les rangs, ils porteront le talon de l'eſponton dans la main droite appuyée à la hanche, de manière que l'eſponton ſoit perpendiculaire entre la tête & l'épaule, & le bras droit tendu dans ſa longueur, ſans être gêné :

Entrer dans le rang.

POUR faire paſſer dans le rang les Officiers qui ſeront repoſés ſur l'eſponton à la tête de leur troupe, le Major avertira :

Meſſieurs les Officiers, dans le rang.

ILS commenceront par porter l'eſponton dans la main, ce qui s'exécutera en trois temps.

Au premier, ils rapporteront la main droite près du corps, élevée à hauteur du chapeau, & porteront la main gauche au milieu de la partie de l'esponton qui sera entre la main droite & le talon.

Au deuxième, ils porteront la main droite au talon de l'esponton.

Au troisième, ils baisseront le bras droit le long du corps, & laisseront retomber le bras gauche à sa place.

Ils feront ensuite demi-tour à droite pour entrer dans le rang ou passer derrière leur troupe ; & se remettront par un demi-tour à droite quand ils seront arrivés à leur place.

QUAND on voudra faire sortir les Officiers des rangs pour se replacer à la tête de leur troupe, le Major avertira : *Sortir du rang.*

Messieurs les Officiers, à la tête de vos troupes.

LE changement de position de l'esponton se fera en trois temps, après que les Officiers étant sortis du rang, se seront placés à la tête de leur troupe.

Au premier, ils l'empoigneront de la main gauche à environ deux pieds du talon.

Au deuxième, ils porteront la main droite à l'esponton à la hauteur du chapeau.

Au troisième, ils appuyeront à terre le talon de l'esponton, comme il a été dit.

QUAND on fera présenter les armes au bataillon, les Officiers présenteront de même l'esponton en deux temps. *Présenter l'esponton.*

Au premier, ils l'empoigneront de la main gauche à la hauteur de l'épaule.

Au deuxième, effaçant le corps à droite, ils le laisseront tomber sur le bras gauche.

B ij

Salut de l'efponton, de pied ferme.

L'OFFICIER étant repofé fur l'efponton à la tête de fa troupe, faluera en quatre temps.

Au premier, il fera à droite, portant l'efponton de biais, le talon élevé à deux pieds de terre feulement, le bras tendu à la hauteur de l'épaule ; & la main gauche empoignera l'efponton environ trois pieds au deffus du talon.

Au deuxième, la main droite quittant l'efponton, la gauche le fera tourner doucement jufqu'à ce que la lance foit baiffée en avant près de terre, & que le talon vienne joindre la main droite qui fera toûjours à hauteur de l'épaule.

Au troifième, il ramènera l'efponton dans la même fituation où il étoit à la fin du premier temps.

Au quatrième, il fe remettra par un à gauche, comme il étoit avant de faluer : il ôtera enfuite fon chapeau de la main gauche, & ne le remettra que quand celui qui reçoit le falut, l'aura dépaffé de quelques pas.

L'Officier qui falue doit avoir attention de commencer fes mouvemens affez à temps, pour que, lorfqu'il baiffera la lance de l'efponton, la perfonne à laquelle il rend le falut, foit encore éloignée de trois pas, afin que quand elle fera vis-à-vis de lui, il foit remis à fa place.

Il obfervera auffi, fi cette perfonne vient par la gauche, de faire un demi à gauche avant de commencer le falut, afin de ne lui pas tourner le dos lorfqu'il fera à droite.

Salut de l'efponton en marchant.

POUR faluer de l'efponton en marchant, lorfque l'on fera à environ trente pas de la perfonne à qui le falut eft dû, on portera l'efponton en avant, & le tournant de façon que la lance fe trouve en arrière, on le mettra tout de fuite fur l'épaule droite, le tenant plat, le coude à la hauteur de l'épaule.

On continuera à marcher dans cette pofition d'un pas

égal, jufqu'à ce qu'on foit à neuf ou dix pas de cette perfonne, & alors le falut fe fera en fix temps.

Au premier, en avançant le pied gauche & effaçant le corps comme fi on faifoit à droite fur le talon droit, on portera l'efponton devant foi, le tenant plat, à la hauteur des épaules, la main gauche à trois pieds du talon.

Aux deuxième & troifième temps, en avançant fucceffivement le pied droit & le pied gauche, on fera tourner l'efponton de la main gauche, comme il a été dit pour le falut de pied ferme; obfervant que l'efponton fe trouve droit lorfque le pied droit arrivera à fa place, & que la lance foit près de terre lorfque le pied gauche arrivera à la fienne.

Aux quatrième & cinquième temps, on fera les mouvemens contraires à ceux qui auront été faits aux deuxième & troifième; obfervant de même que l'efponton fe trouve droit à la fin du pas qui fera fait du pied droit, & qu'il fe trouve plat après qu'on y aura joint la main droite, le pied gauche arrivant à terre.

Au fixième, en avançant le pied droit, on remettra l'efponton fur l'épaule; enfuite avançant le pied gauche, on ôtera le chapeau, que l'on portera à la main à côté de foi, jufqu'à ce qu'on ait dépaffé tous ceux à qui on doit honneur : après quoi on le remettra fur la tête ; & quelques pas au-delà on ôtera l'efponton de deffus l'épaule pour le porter à la main.

LES Officiers des Grenadiers porteront en toute occafion le fufil fur le bras gauche; & quand la troupe aura la bayonnette au bout du fufil, ils l'y auront de même. *Porter le fufil.*

QUAND ils auront à fe repofer fur le fufil, comme pendant le maniement des armes & dans les haltes qui feront un peu longues, ce mouvement fe fera en trois temps. *Se repofer fur le fufil.*

Au premier, ils porteront la main droite au deſſus de la platine, en détachant l'arme du corps & la détournant avec la main gauche, de façon que le fuſil ſoit ſur ſon plat, les poignets élevés à la hauteur des coudes.

Au deuxième, pouſſant le fuſil de la main gauche au côté droit, ils l'empoigneront de la main droite près de l'extrémité de la monture, de manière qu'il ſoit perpendiculaire, la croſſe à un demi-pied de terre, vis-à-vis la pointe du pied droit.

Au troiſième, ils laiſſeront tomber la croſſe du fuſil à terre, un demi-pied à côté de la pointe du pied droit, tournant la ſoûgarde en dehors, & la main gauche retombera à ſa place.

Reprendre le fuſil. LORSQUE de cette attitude les Officiers voudront remettre le fuſil ſur le bras, ce mouvement ſe fera pareillement en trois temps.

Au premier, ils élèveront le fuſil avec la main droite de deux pieds de terre, le rapprochant un peu du corps, pour que la main gauche puiſſe le ſaiſir au deſſus de la platine.

Au deuxième, lâchant le fuſil de la main droite, pour la porter derrière le chien, ils replaceront le fuſil ſur le bras gauche, comme il étoit précédemment.

Au troiſième, ils laiſſeront tomber la main droite le long du corps.

Salut du fuſil. LES Officiers de Grenadiers ſalueront de pied ferme en quatre temps.

Au premier, faiſant à droite, on obſervera de bien empoigner le fuſil de la main droite derrière le chien, tandis qu'on le quittera de la main gauche, & on le portera ſur la droite, le bras tendu à hauteur de l'épaule.

Au deuxième, on baiſſera le bout du fuſil à terre, le

foûtenant de la main gauche qu'on aura portée en avant, & fur laquelle on l'appuyera à deux travers de doigt de la foûgarde.

Au troifième, on fe remettra comme on étoit à la fin du premier temps.

Au quatrième, on fe replacera par un à gauche, & on joindra la main gauche au fufil; après quoi on ôtera le chapeau de la main droite, & on le remettra comme il a été dit au falut de l'efponton.

On aura la même attention de commencer ces mouvemens affez tôt pour que le falut du fufil fe faffe trois pas en avant de la perfonne; & fi elle venoit par la gauche, de les faire précéder par un demi à gauche.

Ces Officiers falueront de la même manière en marchant.

Le premier temps fe fera en avançant le pied gauche, dix pas avant d'être vis-à-vis de la perfonne qu'on devra faluer.

Le deuxième, en faifant deux autres pas, de façon que le bout du fufil arrive près de terre en même temps que le pied gauche pofera en avant.

Le troifième, en faifant le quatrième & le cinquième pas.

Le quatrième, en avançant le pied droit.

LES Enfeignes appuyeront le talon de leur drapeau fur la hanche droite, le tenant un peu de biais. *Salut du drapeau.*

Lorfqu'ils devront faluer, ils en baifferont doucement la lance jufqu'auprès de terre, la relèveront de même, & ôteront enfuite leur chapeau de la main gauche.

Ils prendront leur temps de façon que quand ils baifferont le drapeau, il s'en manque de quelques pas que celui qu'ils falueront ne foit vis-à-vis d'eux.

LES Sergens porteront le talon de leur hallebarde *Sergens.*

dans la main droite, en toute occasion : ils pourront cepen
dant s'appuyer sur leur hallebarde quand les Officiers
le feront sur l'esponton ; en ce cas, ils la tiendront à côté
d'eux, le bras tendu à la hauteur de l'épaule, ou collé au
corps quand les files seront serrées.

Ils présenteront aussi la hallebarde en avant, quand les
Officiers feront ce mouvement de l'esponton.

Les Sergens de Grenadiers porteront leur fusil de même
que les Officiers des compagnies.

Les Sergens ne feront d'autre salut qu'en ôtant leur
chapeau de la main gauche.

DE LA MARCHE.

Pas du Soldat. L'ON ne se servira que des différens pas ordonnés par l'Instruction concernant l'exécution de l'ordonnance du 7 mai 1750.

En toute occasion où le contraire ne sera point ordonné, le Soldat marchera le pas ordinaire de deux pieds, portant le fusil ou l'ayant sur le bras gauche, selon que le Commandant l'ordonnera.

Lorsque l'on battra la charge, il marchera le pas redoublé, portant le fusil haut, ou la bayonnette présentée en avant, aussi selon que le Commandant jugera à propos de l'ordonner.

Tous les Soldats partiront toûjours du même pied.

Rangs à files serrées. LES rangs & les files étant serrés, chaque Soldat occupera environ deux pieds de tout sens ; & lorsqu'il marchera, il devra toûjours sentir le coude de l'homme

de

de fa droite; mais il ne le ferrera pas de façon qu'il ne puiffe faire le maniement de fes armes : quant à la diftance de deux pieds, elle fe mefurera d'une pointe à l'autre du pied droit de deux Soldats de même rang ; & d'un rang à l'autre, du talon d'un Soldat à celui du Soldat qui le précède.

LORSQUE l'on fera ouvrir les rangs, on confervera *Rangs ouverts.* plus ou moins de diftance entre eux felon l'étendue du front fur lequel on devra marcher : fi c'eft par bataillon, on gardera douze pieds de diftance d'un rang à l'autre; huit pieds, fi c'eft par demi-rangs ou par manches, & quatre pieds feulement fi c'eft par pelotons ou par fections.

LORSQUE l'on marchera en colonne, on confervera *Diftances.* d'une divifion à l'autre un efpace égal à l'étendue du front de chacune de ces divifions.

LORSQU'UNE troupe étant en marche il fe trouvera *Défilé.* quelque empêchement qui ne permettra pas au front de la divifion de paffer en entier, fi le paffage eft fur la droite, les hommes de la gauche de chaque rang, qui ne pourront marcher devant eux, fileront derrière la droite de leur rang; & auffi-tôt qu'ils auront paffé le défilé, ils reprendront diligemment leur place : la même chofe s'obfervera par ceux de la droite des rangs, fi le défilé eft fur la gauche. Si le défilé fe trouve dans le centre, les hommes du centre du rang pafferont les premiers; & ceux de la droite & de la gauche des rangs, fe jetant derrière le centre, pafferont enfuite.

Ce mouvement fe commencera dans chaque divifion

C

quelques pas avant qu'elle entre dans le défilé; & au sortir du défilé, les parties de rang qui auront été rompues, doubleront le pas pour s'y rejoindre, afin qu'il n'y ait point de retardement à la marche de ceux qui les suivent.

Quart de conversion en marchant.
LORSQU'EN marchant à rangs ouverts il s'agira de faire un quart de conversion, le premier rang de chaque division étant arrivé sur le terrein où elle doit tourner, l'Officier qui la conduira lui commandera, *Halte, serrez vos rangs:* aussi-tôt les trois derniers rangs se serreront sur le premier; il commandera tout de suite, *Marche,* & les quatre rangs feront ensemble légèrement le quart de conversion. Dès qu'il sera fait, l'Officier commandera, *Halte,* & aussi-tôt après, *Marche;* & alors toute la division partira du pied gauche, chaque rang observant de reprendre sa distance.

Ces commandemens faits à une division, ne doivent influer en rien sur la marche de la division qui la suit.

Places des Grenadiers & du Piquet en marche.
LE bataillon marchant en bataille, la compagnie de Grenadiers & le piquet seront à sa droite & à sa gauche.

Quand il marchera par demi-rang, la compagnie de Grenadiers marchera avec le premier demi-rang, & le piquet avec le second demi-rang.

S'il marche par de moindres divisions, la compagnie de Grenadiers & le piquet feront chacun leur division particulière à la tête & à la queue du bataillon.

DES ÉVOLUTIONS PAR RANGS
ET PAR FILES.

Lorsqu'un bataillon étant en bataille les rangs ouverts, *Serrer les rangs.* on voudra les faire ferrer en avant, on fera les commandemens suivans :

1. *Je parle aux trois derniers rangs, pour ferrer les rangs en avant.*
2. *Marche.*

Au deuxième commandement, les trois derniers rangs marcheront jusqu'à ce que chaque rang soit à deux pieds de celui qui le précède.

On fera ferrer les rangs en arrière en commandant :

1. *Je parle aux trois premiers rangs, pour ferrer les rangs en arrière.*
2. *Demi-tour à droite.*
3. *Marche.*
4. *Remettez-vous.*

Au deuxième commandement, les trois premiers rangs feront demi-tour à droite.

Au troisième, ils marcheront jusqu'à ce qu'ils soient à deux pieds de distance.

Au quatrième, ils se remettront par un demi-tour à gauche.

Pour faire ouvrir les rangs en arrière, on commandera : *Ouvrir les rangs.*

C ij

1. *Je parle aux trois derniers rangs, pour ouvrir les rangs en arrière.*
2. *Demi-tour à droite.*
3. *Marche.*
4. *Halte.*
5. *Remettez-vous.*

Au deuxième commandement, les trois derniers rangs feront demi-tour à droite.

Au troifième, ils marcheront pour prendre les diftances ordonnées ; favoir, le quatrième rang quinze pas, le troifième dix pas, & le deuxième cinq pas.

Au quatrième, ils s'arrêteront.

Au cinquième, ils fe remettront par un demi-tour à gauche.

Si la fituation du terrein exige que l'on faffe ouvrir les rangs en avant, on commandera :

1. *Je parle aux trois premiers rangs, pour ouvrir les rangs en avant.*
2. *Marche.*
3. *Halte.*

Au deuxième commandement, les trois premiers rangs marcheront en avant, le premier quinze pas, le deuxième dix pas, & le troifième cinq pas.

Au troifième, ils s'arrêteront, leurs diftances étant prifes.

Quand on fera ouvrir les rangs, le bataillon étant par divifion, fi c'eft par demi-rang ou par manches, au lieu de quinze pas on n'en fera que neuf, & trois feulement fi le bataillon eft par pelotons ou par fections.

Toutes les fois que l'on voudra faire ferrer & ouvrir les rangs à une troupe qui fera en marche, on lui fera faire halte pour l'exécuter.

POUR ferrer & ouvrir les files, on fe conformera à ce qui eft prefcrit par l'ordonnance du 7 mai 1750, & par l'Inftruction qui y eft relative. *Ouvrir & ferrer les files.*

LORSQU'UN bataillon étant en bataille les rangs & les files ouverts, on voudra en étendre le front en diminuant fa hauteur, on commandera : *Doublement par rangs.*

1. *Que les premier & troifième rangs ne bougent.*
2. *Par fecond & quatrième rangs, doublez vos rangs en avant.*
3. *Marche.*

Les deux premiers commandemens ne ferviront que d'avertiffement.

Au troifième, les Soldats des deuxième & quatrième rangs, partiront enfemble du pied gauche, & iront, en marchant le pas ordinaire, placer le pied droit à la gauche du Soldat de leur file qui fera devant eux.

Quand ils auront mis le pied fur le terrein du premier & du troifième rangs, on commandera :

Halte.

A ce commandement, les Soldats qui auront doublé, placeront les deux pieds, le corps & les épaules, fur le même alignement des autres Soldats des mêmes rangs.

POUR dédoubler les rangs, & remettre le bataillon *Dédoublement des rangs.*

comme il étoit précédemment, on fera les commandemens suivans:

1. *Demi-tour à droite.*
2. *Par second & quatrième rangs, reformez vos rangs en arrière.*
3. *Marche.*

Au premier commandement, tout le bataillon fera demi-tour à droite.

Le deuxième ne fera qu'un avertissement.

Au troisième, les Soldats des deuxième & quatrième rangs partiront ensemble du pied gauche pour aller reprendre leur place; & en y arrivant, ils auront attention d'y replacer leur pied gauche dans l'endroit où il étoit précédemment.

Lorsqu'ils seront arrivés à leur première place, on commandera:

Remettez-vous.

Tout le bataillon se remettra par un demi-tour à gauche.

Doublement par files. SI l'on veut donner plus de profondeur au bataillon en diminuant son front, on commandera:

1. *Files qui devez doubler, prenez garde à vous.*
2. *A droite & à gauche par pelotons, doublez vos files.*
3. *Marche.*
4. *A gauche.*

Le premier commandement ne fera qu'un avertissement, après lequel cependant le Sergent de la droite de chaque peloton rangé de droite à gauche, avertira la première file de la droite, la troisième & toutes les autres files impaires, qu'elles ne devront bouger; la deuxième & toutes les autres files paires, qu'elles devront marcher.

Cet avertissement ne sera plus nécessaire lorsque les Soldats seront accoûtumés à se compter eux-mêmes par un, deux.

Au deuxième commandement, les files qui devront doubler feront à droite.

Au troisième, elles partiront du pied gauche pour aller gagner le milieu de l'intervalle des autres files, où elles s'arrêteront ayant les deux pieds sur la même ligne.

Au quatrième, elles feront à gauche, se dresseront sur leur chef de file, & s'aligneront entr'elles.

Dans les pelotons rangés de gauche à droite, ce seront la première file de la gauche & toutes les autres files impaires qui ne remueront point de leur place : les files paires feront à gauche; & lorsqu'elles auront doublé, elles se remettront par un à droite.

Pour dédoubler les files & rendre au bataillon le front qu'il avoit précédemment, on commandera : *Dédoublement des files.*

1. *Remettez vos files.*
2. *Marche.*

Au mot de *marche,* les files qui auront doublé partiront ensemble, & marchant le pas de côté en avant sur leur gauche ou sur leur droite, elles iront reprendre leur place dans les rangs dont elles étoient sorties; & lorsqu'elles y seront arrivées, on commandera, *Halte.*

Après avoir fait ces mouvemens sur la droite pour doubler & dédoubler les rangs & les files, on les fera sur la gauche.

Quand on voudra porter la droite d'une troupe à *Contre-marche par rangs.*

la place de sa gauche, & sa gauche à la place de sa droite, sans changer de terrein, on commandera :

1. *A droite par rangs, faites la contre-marche.*
2. *Marche.*

Au premier commandement, on fera à droite.

Au deuxième, la file de la droite de chaque rang fera demi-tour à droite sur le talon droit, & marchera devant elle jusqu'à ce qu'elle soit arrivée à l'endroit où elle joindra la file de la gauche du même rang : alors elle se jettera sur la droite pour se remettre sur le même alignement. Toutes les autres files la suivront en faisant les mêmes mouvemens, jusqu'à ce que la file de la droite soit arrivée à la place que la file de la gauche occupoit, où elle s'arrêtera, ainsi que la file de la gauche s'arrêtera à la place que la file de la droite occupoit.

La contre-marche étant achevée, on commandera :

Halte.

Alors toutes les files feront à droite sur le talon droit, excepté la file de la gauche, devenue file de la droite, qui fera à gauche sur le talon gauche.

Pour remettre la troupe comme elle étoit auparavant, on lui fera faire la contre-marche par la gauche, en commandant :

1. *A gauche par rangs, faites la contre-marche.*
2. *Marche.*
3. *Halte.*

On exécutera ces commandemens par les mouvemens opposés à ceux qui sont expliqués pour faire la contre-marche par la droite.

Dans

Dans l'exécution de la contre-marche, les Officiers & Sergens fuivront les Soldats de leur compagnie : les Sergens des aîles des rangs ne quitteront cependant leur place qu'après que le mouvement fera fait, étant néceffaire qu'ils y reftent pour indiquer aux Soldats le lieu où ils devront tourner, & celui où les files des aîles devront s'arrêter.

QUAND on voudra porter le premier rang d'une troupe où étoit le dernier, on commandera : *Contre-marche par files.*

1. *A gauche par files, faites la contre-marche.*
2. *Marche.*

Ce commandement s'exécutera de deux manières ; l'une en faifant paffer le premier rang fur l'alignement du quatrième ; le deuxième rang fur l'alignement du troifième ; le troifième fur l'alignement du fecond, & le quatrième fur l'alignement du premier.

L'autre manière eft de retourner le premier rang fans lui faire perdre fon alignement, & de faire paffer les trois autres rangs dans le terrein auquel le premier faifoit face précédemment.

L'une & l'autre manœuvre exigent que les hommes du même rang ne foient pas trop ferrés, afin qu'en effaçant le corps, ceux des différens rangs puiffent paffer aifément les uns entre les autres.

Suivant la première de ces deux manières,

Au premier commandement, les chefs de file feront demi-tour à gauche, faifant face à l'intervalle des files.

Au deuxième commandement, tout marchera devant foi, le premier rang pour aller prendre la place du quatrième, le deuxième rang & le troifième pour aller fucceffivement faire leur demi-tour à gauche fur l'alignement où le premier

D

rang aura fait le fien, puis aller prendre le terrein qu'ils doivent occuper; tandis que le quatrième rang viendra prendre la place du premier, où étant arrivé, il fera demi-tour à gauche comme les trois autres.

Pour exécuter la contre-marche par files, de la seconde façon,

Au premier commandement le premier rang fera à gauche, & les trois autres rangs ne bougeront.

Au deuxième commandement, les Soldats du deuxième rang marcheront en avant, & effaçant le corps, iront passer à côté de leur chef de file, le laissant à gauche; dès qu'ils l'auront dépassé, ils feront aussi à gauche.

Les troisième & quatrième rangs s'ébranleront en même temps que le deuxième, le suivront & feront à gauche; le troisième, après avoir dépassé le deuxième; & le quatrième, après avoir dépassé le troisième.

Ensuite les quatre rangs feront à gauche ensemble au commandement qui leur en sera fait, pour faire face du côté auquel ils tournoient le dos précédemment.

Ce mouvement sera fait avec vivacité par le pas redoublé.

Les Officiers & Sergens étant dans les rangs, feront la contre-marche de même que les Soldats.

On remettra le bataillon comme il étoit auparavant, en faisant une seconde fois cette même contre-marche.

Border la haie. POUR border la haie, il y a de même deux méthodes qui exigent toutes deux également que l'on commence par faire ouvrir les rangs en arrière, pour prendre des distances proportionnées à la force des compagnies.

Après cette disposition, on commandera suivant la première méthode.

1. *Demi-tour à droite.*

2. *A gauche & à droite par compagnie, bordez la haie.*

3. *Marche.*

4. *Remettez-vous.*

La troupe ayant fait demi-tour à droite au premier commandement.

Au troisième, chaque rang des compagnies de la droite des pelotons fera à gauche un quart de converſion, & ira s'appuyer à la file de la droite du rang ſuivant; & chaque rang des compagnies de la gauche des pelotons, fera à droite un quart de converſion, pour aller ſe joindre à la file de la gauche du rang ſuivant.

Au quatrième commandement, les deux compagnies du même peloton ſe feront face, en ſe remettant par un demi-tour à gauche.

Suivant la ſeconde méthode, on commandera:

1. *Je parle aux demi-rangs des compagnies du centre des pelotons.*

2. *Demi-tour à droite.*

3. *A droite & à gauche par compagnie, bordez la haie par un quart de converſion ſur le centre.*

4. *Marche.*

5. *Remettez-vous.*

Au deuxième commandement, les demi-rangs de la gauche des compagnies qui ſont à la droite des pelotons, & ceux de la droite des compagnies qui en ont la gauche, feront demi-tour à droite.

D ij

Au quatrième, chaque rang de compagnie fera un quart de converſion centrale.

Au cinquième, les demi-rangs qui ont fait demi-tour à droite, feront demi-tour à gauche, pour que les compagnies du même peloton ſe faſſent face.

Lorſqu'on voudra remettre les compagnies en bataille on leur fera former les rangs par des mouvemens contraires à ceux qu'ils auront faits pour border la haie.

DES ÉVOLUTIONS
pour rompre & reformer les bataillons.

Rompre & reformer les bataillons à droite & à gauche.

APRÈS avoir fait marcher les bataillons en bataille, tant à rangs ouverts qu'à rangs ſerrés, en avant & en retraite, on les fera rompre par la droite & par la gauche, par le centre & par les aîles, par compagnies que l'on appellera ſections, par deux compagnies couplées que l'on appellera pelotons, par deux pelotons que l'on appellera manches, & par trois pelotons que l'on appellera demi-rangs.

Toutes les fois qu'on fera rompre un bataillon, on le fera ſe reformer par les mouvemens contraires.

Pour cet effet, on commencera par faire ſerrer les rangs, s'ils ſont ouverts, & on commandera :

1. *A droite* (ou à gauche) *par ſections* (ou par pelotons, par manches, par demi-rangs) *rompez le bataillon.*
2. *Marche.*
3. *Halte.*

4. *A gauche* (ou à droite) *par sections* (ou par pelotons, &c.) *reformez le bataillon.*
5. *Marche.*
6. *Halte.*

 Le premier commandement avertira du côté par lequel le bataillon devra se rompre, & du nombre de divisions qu'il devra former en se mettant en colonne.

 Au deuxième, toutes les divisions s'ébranleront à la fois *(à moins que le contraire ne soit ordonné)* faisant marcher leurs gauches ou leurs droites, & soûtenir leurs droites ou leurs gauches.

 Au troisième, les divisions s'arrêteront où elles se trouveront.

 Le quatrième sera pour avertir quand le commandement se fera à la voix; mais si c'est au son de la caisse, on formera le bataillon dès que les Tambours commenceront à battre aux drapeaux.

 Au cinquième, on fera marcher les droites ou les gauches des divisions, tandis que les gauches ou les droites ne bougeront; & le bataillon se trouvant en bataille, marchera en avant jusqu'au sixième commandement, auquel il s'arrêtera.

Places des Officiers en rompant.

 Toutes les fois que l'on rompra le bataillon, le premier Officier de chaque division s'avancera d'un pas en avant au centre de son premier rang, d'où il la conduira; observant de conserver toûjours en marchant, comme il a été dit, la distance de l'étendue du front de sa division entre son premier rang & le premier rang de la division qui le précède.

 Lorsque les divisions se remettront en bataille, cet Officier retournera à son poste.

L'on fera marcher le bataillon, étant ainſi rompu, tant à rangs ouverts qu'à rangs ſerrés.

Doubler & tripler les diviſions en marchant. Si, le bataillon marchant en colonne, on veut augmenter ſon front, on doublera ou triplera les diviſions ſuivant les méthodes ſuivantes.

1. *Prenez garde à vous pour doubler les diviſions en ſe jetant ſur la gauche.*
2. *Marche.*

Au deuxième commandement, toutes les diviſions paires, marchant le pas de côté, ſe jetteront ſur leur gauche; & lorſque leur file droite ſe trouvera à la hauteur de la gauche des diviſions impaires qui les précèdent, & qui auront continué de marcher devant elles au petit pas, elles iront s'y joindre par le pas redoublé; & quand elles s'y ſeront rejointes, elles continueront de marcher le pas ordinaire.

Pour doubler les diviſions en ſe jetant ſur la droite,

On fera marcher les diviſions impaires le pas de côté en avant ſur leur droite, & les diviſions paires viendront ſe placer à leur gauche, marchant droit devant elles, d'abord le petit pas, & enſuite le pas redoublé dès que la gauche de la diviſion précédente ſera à la hauteur de leur droite.

On fera les mêmes commandemens pour dédoubler les diviſions, & on les exécutera;

En faiſant continuer de marcher devant elles les diviſions impaires, & jeter ſur leur droite les diviſions paires par le pas de côté, pour aller ſe placer derrière les impaires, reprenant leurs diſtances.

Cet ordre ſera renverſé, comme il a déjà été obſervé, dans les bataillons rangés de gauche à droite, leſquels devront marcher par leur gauche.

Pour augmenter encore davantage fon front, on triplera les divifions quand le bataillon fera rompu par manches ou par pelotons.

Si c'eft par manches, la première divifion compofée du premier & du troifième pelotons, marchera le pas de côté en avant fur fa droite : la deuxième divifion compofée des cinquième & fixième pelotons, continuera de marcher en avant au petit pas, jufqu'à ce que la gauche de la divifion précédente étant à la hauteur de fa droite, elle marchera au pas ordinaire pour l'aller joindre; & elles marcheront enfemble au petit pas, jufqu'à ce que la troifième les ait jointes. Cette dernière divifion qui fera compofée du deuxième & du quatrième pelotons, marchera le pas de côté en avant fur fa gauche, jufqu'à ce que fa droite fe trouve à la hauteur de la gauche de la divifion précédente : elle marchera alors le pas redoublé pour la rejoindre, de manière que les trois divifions étant arrivées fur la même ligne, le bataillon fe trouvera en bataille & marchera le pas ordinaire.

En même temps que les manches exécuteront ce mouvement, la compagnie de Grenadiers qui fera à la tête de la première divifion, marchera le pas de côté à droite plus obliquement, pour prendre la droite du bataillon ; & le piquet qui fera à la queue de la troifième divifion, marchera pareillement fur la gauche pour prendre la gauche du bataillon.

Si le bataillon eft rompu par pelotons, la première divifion formée par le premier peloton, marchera le pas de côté en avant fur la droite : la feconde divifion formée par le troifième peloton, marchera en avant pour aller fe placer à la gauche du premier ; & la troifième divifion formée par le cinquième peloton, marchera le pas de côté en avant à gauche, pour aller joindre fa file droite à la file gauche du troifième peloton. Ce mouvement fait, ces trois pelotons formeront un demi-rang.

Les trois divifions fuivantes formeront un fecond demi-rang dans l'ordre fuivant : la première formée par le fixième peloton, marchera le pas de côté à droite en avant, pour aller fe placer derrière le premier peloton : la deuxième formée par le quatrième peloton, continuera à marcher devant elle : & la troifième formée par le deuxième peloton, marchera le pas de côté fur la gauche, pour aller fe mettre fur la gauche du quatrième peloton. La compagnie de Grenadiers & le piquet marchant encore plus obliquement que les pelotons, iront fe placer, les Grenadiers à la droite du premier demi-rang, & le piquet à la gauche du fecond demi-rang.

Pour faire remettre ces mêmes divifions en colonne, comme elles étoient auparavant d'avoir été triplées, on commandera :

1. *Prenez garde à vous, divifions, pour vous remettre en colonne.*

2. *Marche.*

Au deuxième commandement, fi le bataillon eft en bataille, la compagnie des Grenadiers & la manche de la droite marcheront le pas oblique à gauche : la manche du centre marchera en avant le petit pas; & la manche de la gauche, ainfi que le piquet, marcheront le pas oblique à droite.

Si le bataillon eft fur deux demi-rangs, la compagnie de Grenadiers, le premier peloton & le fixième, marcheront le pas oblique à gauche : le troifième peloton & le quatrième marcheront devant eux au petit pas; le cinquième & le deuxième, ainfi que le piquet, marcheront le pas de côté en avant à droite.

Pour exécuter ce mouvement, il eft néceffaire que les deuxièmes divifions attendent, pour partir, que les premières aient gagné en avant la diftance qui doit être entr'elles,
& que

& que les troisièmes laissent prendre quelques pas aux deuxièmes devant elles.

LE régiment ou le bataillon étant en bataille à rangs & files serrés, on lui fera faire des quarts de conversion par la droite & par la gauche, tant au régiment entier qu'à chaque bataillon séparément, par les commandemens suivans : *Quarts de conversion.*

1. *A droite* (ou *à gauche*) *par bataillon* (ou *par régiment*), *faites un quart de conversion.*
2. *Marche.*
3. *Halte.*

Au premier commandement, la compagnie de Grenadiers & le piquet, s'ils sont séparés du bataillon, s'en rapprocheront par la droite & par la gauche, & s'y rejoindront pendant que les trois derniers rangs se serreront sur le premier.

Au deuxième, tout le bataillon, ou le régiment, se mettra en mouvement du pied gauche, de quelque côté que la conversion se fasse : l'aîle qui devra parcourir la grande circonférence, marchera en avant le pas ordinaire ou le pas redoublé, selon qu'il sera ordonné ; & ce mouvement ira en diminuant, à mesure qu'il se rapprochera de l'aîle qui soûtiendra : les Officiers, Sergens & Soldats ayant toûjours les yeux sur l'aîle qui marchera, & réglant sur elle leurs mouvemens, afin qu'ils ne soient ni trop lents ni trop précipités, & pour éviter que les rangs ne crèvent ou ne fassent le ventre.

LES commandemens pour la conversion centrale par bataillon, seront : *Conversion centrale.*

1. *Prenez garde à vous, bataillon, pour faire la conversion centrale.*

E

2. *Demi-rang de la droite, demi-tour à droite.*

3. *A droite par demi-rang, faites un quart de conversion.*

4. *Marche.*

5. *Halte.*

6. *Remettez-vous.*

Au deuxième commandement, le demi-bataillon de la droite fera demi-tour à droite.

Au quatrième, les demi-bataillons marcheront par les aîles, & le centre du bataillon soûtiendra.

Au cinquième, tout le bataillon s'arrêtera.

Au sixième, le demi-bataillon de la droite fera demi-tour à gauche; & sur le champ on fera dresser & aligner les rangs en faisant marcher quelques pas en avant.

Lorsque l'on fera la conversion centrale du bataillon par la gauche, l'aîle gauche fera demi-tour à gauche & se remettra par un demi-tour à droite.

Rompre & reformer les bataillons par le centre, pour passer le défilé.

LA manœuvre de rompre & reformer les bataillons par le centre pour le passage d'un défilé, doit se régler sur la largeur de l'ouverture du défilé, afin d'y entrer par des divisions proportionnées; pour cet effet, lorsque la troupe sera près du défilé, on commandera:

1. *Prenez garde à vous, bataillon, pour passer le défilé.*

2. *Que les pelotons du centre ne bougent.*

3. *Je parle au reste du bataillon, à droite & à gauche.*

4. *Marche.*

Au deuxième commandement, les drapeaux paſſeront en arrière du quatrième rang des pelotons du centre, & y demeureront.

Au troiſième, les compagnies des Grenadiers & les deux pelotons de la droite du bataillon feront à gauche, le piquet & les deux pelotons de la gauche feront à droite.

Au quatrième, le cinquième peloton entrera dans le défilé & le paſſera : le ſixième ſuivi des drapeaux, en fera de même, & alternativement le troiſième, le quatrième, le premier & le deuxième pelotons; la compagnie de Grenadiers & le piquet faiſant face au défilé par un à droite ou par un à gauche, le paſſeront diligemment, & chaque troupe ſe reformera à ſa place après l'avoir paſſé.

Si le défilé eſt ſi ſerré que l'on ne puiſſe y paſſer que par ſection ou demi-peloton.

Au troiſième commandement, tout le bataillon fera à droite & à gauche, à l'exception des deux ſections du centre, qui ne bougeront.

Au quatrième, la compagnie de la gauche du cinquième peloton paſſera la première, ſuivie de celle de la droite, puis la compagnie de la droite du ſixième peloton, ſuivie de celle de la gauche, & ainſi des autres, chaque peloton ſe reformant au-delà du défilé.

Si les circonſtances exigent de paſſer le défilé avec précaution.

Au deuxième commandement, la compagnie de Grenadiers marchera quatre pas en avant, fera à gauche, & longera le front du bataillon pour venir ſe placer en avant du centre : le piquet marchera en même temps quatre pas en avant, fera à droite, & viendra ſe placer entre la compagnie de Grenadiers & le bataillon.

E ij

Au quatrième commandement, la compagnie de Grenadiers entrera dans le défilé de front, ou par moitié de rang, selon la largeur du défilé, & après l'avoir passé, elle se reformera un peu au-delà du terrein que le bataillon devra occuper; le piquet la suivra de même, & ira se placer à sa gauche, & les pelotons passeront ensuite, comme il a été dit.

S'il ne se trouve pas assez de terrein entre le bataillon & le défilé pour que la compagnie de Grenadiers & le piquet puissent passer le long de la tête du bataillon pour se placer vis-à-vis le centre :

Au deuxième commandement, la compagnie de Grenadiers & le piquet feront demi-tour à droite, marcheront quelque pas, & feront ensuite à droite & à gauche pour passer derrière le bataillon, dont les deux compagnies du centre reculeront de dix pas pour leur faire place.

Au quatrième commandement, la compagnie de Grenadiers qui aura rempli la place abandonnée par les deux compagnies du centre, marchera en avant en faisant à droite pour passer le défilé; le piquet la suivra en faisant à gauche, & les deux compagnies du centre s'étant rejointes à leurs pelotons, passeront avec eux dans l'ordre qui a été expliqué.

Lorsque cette évolution se fera par deux bataillons :

Au deuxième commandement, les deux compagnies de Grenadiers passant devant ou derrière le bataillon, selon le terrein, viendront se placer devant les piquets qui seront au centre.

Au troisième, le bataillon de la droite fera à gauche, & le bataillon de la gauche fera à droite.

Au quatrième, les deux compagnies de Grenadiers entreront dans le défilé, & ensuite les piquets; on fera passer après successivement les seconds pelotons du premier & du deuxième bataillons, & leurs quatrième, sixième, cinquième, troisième & premier pelotons, lesquels feront à droite & à gauche à mesure qu'ils devront entrer dans le défilé.

Les pelotons du premier bataillon ayant passé le défilé, iront se placer sur la droite de leur piquet, & ceux du deuxième bataillon sur la gauche du leur; & les bataillons étant formés, les compagnies de Grenadiers iront reprendre leur place à leur droite & à leur gauche.

ON rompra le bataillon par les aîles pour repasser le défilé en commandant : *Rompre les bataillons par les aîles pour repasser le défilé.*

1. *Prenez garde à vous, bataillon, pour repasser le défilé.*
2. *Marche.*

Au premier commandement, la compagnie de Grenadiers & le piquet marcheront quatre grands pas en avant.

Au second, les Grenadiers & le piquet feront à gauche & à droite, & iront par la tête du bataillon se placer vis-à-vis le centre, à côté l'un de l'autre.

Lorsque le piquet couvrira le second peloton, les Soldats de ce peloton feront demi-tour à droite, & marcheront quatre grands pas en arrière du bataillon; puis ils feront à gauche pour longer la queue du bataillon jusqu'au défilé qu'ils passeront en faisant à droite : après quoi, faisant un autre à droite, ils iront prendre la gauche du terrein que le bataillon devra occuper de l'autre côté du défilé, auquel ils feront face par un troisième à droite.

Le premier peloton fera la même manœuvre quand la compagnie de Grenadiers le couvrira faisant demi-tour à droite, & à droite pour venir joindre le second peloton; passera le défilé à sa suite après avoir fait à gauche; fera encore à gauche après l'avoir passé pour aller occuper le terrein où devra être la droite du bataillon; & s'y remettra par un troisième à gauche.

Les autres pelotons de gauche & de droite suivront successivement le second & le premier, observant de faire repasser les drapeaux avant les deux pelotons du centre.

Le piquet passera ensuite, & la compagnie des Grenadiers la dernière.

Toutes ces troupes passeront en entier, ou par moitié, selon la largeur du défilé.

Lorsque l'on aura deux bataillons à rompre par les aîles pour les faire repasser ensemble le défilé ;

Les deux compagnies de Grenadiers se porteront au centre en avant des deux piquets.

Les pelotons des aîles de chaque bataillon manœuvreront successivement, comme il a été dit, commençant par le premier peloton du deuxième bataillon; ensuite le premier peloton du premier bataillon, & ainsi successivement jusqu'aux piquets & aux Grenadiers qui passeront les derniers.

DE LA COLONNE.

ON formera la colonne de deux manières, l'une pour marcher en avant, l'autre pour faire face à droite ou à gauche : chacune de ces manières sera différente, si la colonne doit être d'un ou de deux bataillons.

Colonne d'un bataillon pour marcher en avant. LA colonne d'un bataillon pour marcher en avant, se formera par les commandemens suivans, après en avoir prévenu les troupes, soit que les commandemens se fassent à la voix ou au son de la caisse.

1. *Prenez garde à vous, pour former la colonne pour marcher en avant.*

2. *Demi-tour à droite.*

3. *Marche.*

Au deuxième commandement, les Grenadiers feront à gauche, le piquet & le reste du bataillon feront demi-tour à droite.

Au troisième, la manche de la gauche, qui par le demi-tour à droite sera devenue celle de la droite, & la manche du centre, feront chacune un quart de conversion à gauche; & la manche de la droite, devenue celle de la gauche, fera un quart de conversion à droite. Après cette conversion, les divisions de la gauche & du centre s'arrêteront, tandis que celle de la droite se serrera sur celle du centre, & que le piquet qui aura fait un quart de conversion à gauche sur le flanc de la division de la droite, arrivant avec elle, prendra la queue de la colonne par un autre quart de conversion à gauche.

Pendant le même temps, les Grenadiers auront marché le pas redoublé pour venir gagner la tête de la colonne.

Quand les Tambours cesseront, tout fera face en dehors, savoir, les Grenadiers par un à droite, les six rangs du flanc gauche, & quatre rangs du flanc droit de la colonne, ainsi que le piquet, par un demi-tour à droite.

Quand on battra la charge, toute la colonne fera face 1 tête, & marchera le pas redoublé les armes hautes.

Quand on battra aux champs, la colonne fera face u côté où le Tambour aura commencé à battre; les oldats marcheront le pas ordinaire, & porteront leurs mes sur le bras gauche.

Quand on battra la retraite, la colonne fera face par queue, les Soldats portant de même leurs armes, & archant le même pas.

Quand les Tambours cesseront de battre, la colonne fera halte, & tout fera face en dehors, les quatre rangs extérieurs faisant haut les armes.

Lorsque l'on voudra faire rompre cette colonne pour la remettre en bataille, on commandera :

Prenez garde à vous pour rompre la colonne.

A ce commandement, les deux manches de la gauche du bataillon feront face à gauche de la colonne, & celle de la droite du bataillon fera face à droite de la colonne : les Grenadiers feront à droite, & le piquet fera face à la queue de la colonne.

Quand on battra aux drapeaux, les Grenadiers & le piquet se mettront en même temps en mouvement ; les Grenadiers, par le pas redoublé iront reprendre la droite du bataillon, où ils se remettront en faisant à gauche ; & le piquet, après avoir fait un quart de conversion à droite, pour prendre la gauche de la division de la gauche, marchera avec elle le pas redoublé jusqu'à ce qu'elle soit arrivée à l'endroit où ils devront faire ensemble leur quart de conversion pour se remettre en bataille : alors les trois divisions s'ébranleront à la fois pour faire un quart de conversion, celle de la droite sur sa gauche, & les deux autres sur leur droite.

Colonne de deux bataillons pour marcher en avant.

ON formera la colonne de deux bataillons pour marcher en avant, en commandant :

1. *Prenez garde à vous, pour former la colonne pour marcher en avant.*
2. *Demi-tour à droite.*
3. *Marche.*

Au deuxième commandement, les Grenadiers de la droite feront à gauche, & ceux de la gauche feront à droite,

droite ; tout le reste du régiment fera demi-tour à droite.

Au troisième, les Grenadiers marcheront le pas redoublé pour venir se rassembler au centre des deux bataillons, & y former la tête de la colonne.

Les piquets marcheront le pas redoublé pour aller prendre la queue de la colonne.

Les deux bataillons se rompront en même temps, savoir, le bataillon de la droite, qui sera devenu celui de la gauche, par demi-rangs qui feront un quart de conversion à droite ; & le bataillon de la gauche, qui sera devenu celui de la droite, par demi-rangs qui feront un quart de conversion à gauche.

La conversion étant achevée, les deux demi-bataillons du centre marcheront le pas ordinaire pour se joindre, & ceux des deux aîles marcheront le pas redoublé pour joindre les deux autres.

On fera faire à cette colonne les mêmes mouvemens qu'à celle d'un bataillon.

Lorsqu'après un roulement on battra la charge, la colonne se séparera en deux & marchera en avant le pas redoublé, les armes présentées, jusqu'à ce que les Tambours cessant, elle fasse *halte*.

Les Grenadiers & les piquets couvriront pendant ce temps l'intervalle entre les deux colonnes.

Lorsqu'après la séparation de la colonne on battra la retraite, la colonne se rejoindra sur le centre marchant le pas ordinaire.

Pour rompre cette colonne & se remettre en bataille ; on lui fera le même commandement que pour celle d'un bataillon ; & l'on battra aux drapeaux.

Au commandement, les deux demi-rangs de chaque

F

bataillon feront à droite & à gauche pour faire face en dehors ; & lorsque les Tambours battront, la colonne se séparera en deux, marchant le pas redoublé pour laisser de la place aux piquets qui marcheront en avant pour reprendre leur place entre les deux bataillons.

Quand les deux demi-rangs de chaque bataillon auront laissé le terrein nécessaire pour le passage des piquets, les demi-rangs du centre de la colonne s'arrêteront, & ceux des aîles continueront de marcher le pas redoublé jusqu'à ce qu'ils aient donné assez de distance aux autres pour pouvoir tous les quatre en même temps, faire un quart de conversion, les uns à droite & les autres à gauche, pour se remettre en bataille.

Pendant ce temps, les compagnies de Grenadiers iront par un à droite & un à gauche reprendre leurs postes aux aîles, marchant le pas redoublé.

La colonne d'un ou de deux bataillons, formée suivant cette méthode, pourra être employée au passage du défilé.

Colonne d'un bataillon par la droite ou par la gauche.

ON mettra un bataillon en colonne sur la droite ou sur la gauche, en commandant :

1. *Prenez garde à vous, pour former la colonne sur la droite (ou sur la gauche).*
2. *A droite par manches, faites un quart de conversion.*
3. *Marche.*
4. *Halte.*
5. *Marche.*

Au premier commandement, qui ne servira que d'avertissement à la compagnie de Grenadiers, au piquet & aux deux manches de la droite, si la colonne doit se former sur la droite, la manche de la gauche fera la contre-marche par files qui lui fera commandée par fes Officiers ; après quoi fes files feront face du même côté que le refte du bataillon : au troifième, les trois manches du bataillon exécuteront enfemble le quart de converfion, ainfi que la compagnie de Grenadiers & le piquet ; & après fon exécution, elles s'arrêteront au quatrième commandement.

Au cinquième, la compagnie de Grenadiers fe jettera affez fur la droite par le pas de côté, pour laiffer à découvert la première divifion qui marchera en avant au petit pas, fuivie de la feconde marchant le pas ordinaire, & de la troifième au pas redoublé, jufqu'à ce qu'elles fe foient jointes à fix pas de diftance l'une de l'autre.

Le piquet marchant de même le pas redoublé, fuivra la troifième divifion, & fe jettera enfuite fur la gauche par le pas oblique.

Ces trois divifions ainfi rapprochées, marcheront en avant, la compagnie de Grenadiers fe tenant à la droite, & le piquet à la gauche de la divifion du centre.

On fera enfuite marcher cette colonne en arrière & fur les flancs.

Pour prendre ces différentes déterminations, les divifions n'auront qu'à faire des à droite, des à gauche & des demi-tours à droite.

Lorfqu'elles marcheront fur leurs flancs, les Commandans des pelotons fe porteront à leur tête pour les conduire.

Si lorfque le bataillon fera difpofé de cette forte, on veut en faire ufage pour attaquer par le front de la colonne ;

On fera repaffer la compagnie de Grenadiers en avant de la droite de la première divifion, & le piquet en avant de la gauche, où ils fe joindront.

F ij

Le tout continuera à marcher jusqu'à ce que le moment de faire effort soit venu.

Alors la première division se serrera sur les Grenadiers, sans garder d'intervalle : la seconde sur la première ; & la troisième sur la seconde.

Si la colonne étant dans cette situation étoit attaquée par de la Cavalerie,

En ce cas, on divisera la compagnie des Grenadiers pour la faire entrer par moitié dans les intervalles entre les droites de la première, de la deuxième & de la troisième divisions : on divisera de même le piquet pour le faire entrer dans les intervalles des gauches des mêmes divisions ; & dans le besoin, les quatre files de la droite & de la gauche des sections des aîles, feront face sur le flanc de droite & de gauche.

Colonne de deux bataillons par la droite ou par la gauche.

On formera la colonne de deux bataillons par la droite ou par la gauche, en commandant :

1. *Prenez garde à vous, pour former la colonne sur la droite* (ou sur la gauche.)
2. *A droite par demi-rang, faites un quart de conversion.*
3. *Marche.*

Au premier commandement, le demi-rang de la gauche du bataillon de la gauche fera la contre-marche par files ; & fera face ensuite du même côté que le reste du bataillon.

Au troisième, les quatre demi-bataillons feront le quart de conversion à droite. Les Grenadiers & le piquet du premier bataillon se conformeront à ce qui a été prescrit ci-dessus pour la colonne d'un bataillon : le piquet du second bataillon manœuvrera auprès des divisions de ce bataillon de même que la compagnie des Grenadiers du premier bataillon, & celle du fecond bataillon de même que le piquet du premier.

La converfion étant achevée, la première divifion ne bougera jufqu'à ce que la feconde foit à fix pas d'elle : elle marchera alors au petit pas; la feconde ira joindre la première au petit pas; la troifième joindra la feconde au pas ordinaire; & la quatrième joindra la troifième au pas redoublé.

Quand on voudra difpofer cette colonne pour faire une attaque,

On fera paffer à la tête les deux compagnies de Grenadiers & un piquet, dont on formera une première divifion; & l'autre piquet paffera à la queue.

Pour réfifter à la Cavalerie qui voudroit attaquer la colonne,

La compagnie de Grenadiers & le piquet de chaque bataillon fe mettront en bataille fur le flanc gauche & le flanc droit des deux divifions de leur bataillon, faifant face en dehors; & la dernière divifion de la colonne fera demi-tour à droite.

Les mêmes manœuvres pourront fe faire avec une brigade compofée de trois, quatre ou même un plus grand nombre de bataillons; en obfervant de fe rompre alors par bataillons entiers, dont on diminueroit le front & augmenteroit la profondeur.

DE L'EXERCICE DU FEU.

COMME il eft effentiel d'accoûtumer les troupes à tirer enfemble au commandement, on les y exercera le plus souvent qu'il fera poffible, de toutes les manières ci-après prefcrites, fans pouvoir faire ufage d'aucune autre, jufqu'à ce qu'il en foit autrement ordonné. Mais avant de les y exercer par bataillon, & même en moindre nombre, il faut faire prendre à chaque Soldat en particulier, & fur-tout à ceux de recrue, l'habitude de manier fes armes, de les charger promptement, de les bien tenir en joue, & de les tirer quand il eft ordonné, fans faire aucun mouvement.

On fera faire feu aux troupes par fection, par peloton, par manche, par demi-rang, par bataillon, de pied ferme, en marchant en avant & en retraite.

Quand il s'agira de faire tirer tout le bataillon enfemble, le Major en fera le commandement. Si ce doit être par divifion, il avertira de l'efpèce du feu qui devra être exécuté, & chaque Commandant de divifion en fera le commandement à fa troupe dans les temps & l'ordre ci-après indiqués.

Lorfque le régiment étant en bataille on devra l'exercer aux différens feux, le Colonel fe placera contre la file du centre du cinquième peloton, & le Lieutenant-colonel contre la file du centre du fixième peloton du premier bataillon. A l'égard des Commandans de bataillon, ils fe placeront contre la file du centre du cinquième peloton de leur bataillon.

Avant de commander les feux, le Major fera mettre le fufil fur le bras gauche en trois temps.

> Au premier temps comme au premier du onzième commandement du maniement des armes.
>
> Au deuxième, foûtenant le fufil de la main droite, on le laiffera tomber auffi bas qu'il fe pourra, le canon entre

le corps & l'épaule gauche, la platine en dehors, la main gauche fur la platine contenant le chien & le baffinet.

Au troifième, on laiffera tomber la main droite à côté du corps.

LE Major avertira enfuite :

Feu de pied ferme par fections.

Prenez garde à vous, bataillon, pour faire le feu de fection.

Auffi-tôt après, le Commandant du premier peloton faifant à gauche, commandera à la première fection de ce peloton :

1. *Haut les armes.*   En un temps.
2. *Genou en terre.*   En deux temps.
3. *En joue.*   En un temps.
4. *Feu.*   En un temps.
5. *Chargez vos armes.*   En quatorze temps.

Ces commandemens s'exécuteront comme ceux du maniement des armes, à l'exception qu'au dernier temps du cinquième commandement, au lieu de faire haut les armes, on mettra le fufil fur le bras gauche, fi le feu ne doit pas fe continuer.

En même temps que le Commandant du premier peloton dira *haut les armes*, le Commandant du fixième peloton fera à gauche, & le temps d'après il fera le même commandement ; & de fuite tous les autres à la fection droite de ce peloton.

Cette progreffion fera obfervée fucceffivement par les Commandans des troifième, cinquième, quatrième & deuxième pelotons, qui en feront tirer les fections droites, de manière qu'en même temps que l'une fera feu, celle qui suit fera en joue.

Le Capitaine des Grenadiers fera à gauche quand la section de la droite du sixième peloton fera feu, & il commandera tout de suite à la moitié de la gauche de sa compagnie, *haut les armes*, de façon qu'elle mettra en joue quand la section de la droite du second peloton fera feu.

Le Capitaine du piquet fera à droite immédiatement après que celui des Grenadiers aura fait à gauche, & dans le même moment que la section de la droite du troisième peloton fera feu : il fera mettre en joue la moitié droite de son piquet, quand les Grenadiers tireront.

Les Officiers qui commanderont les sections gauches des pelotons, continueront dans le même ordre ; & après eux, le Capitaine de Grenadiers, pour faire tirer la droite de sa compagnie ; & celui du piquet, pour faire tirer la gauche de son piquet : & quand cette dernière division fera en joue, la section de la droite du premier peloton sera en état de recommencer à faire haut les armes, ayant eu quatorze temps pour recharger.

Par pelotons. QUAND le Major demandera que le bataillon fasse feu par peloton,

Le Commandant du premier peloton ayant commandé haut les armes, celui du sixième peloton fera le même commandement deux temps après, de sorte que quand il entendra le feu du premier, il sera en état de dire le temps d'après, en joue, & puis feu. Le Commandant du troisième peloton lui fera faire haut les armes, quand le premier peloton tirera ; & en joue immédiatement après que le sixième aura fait feu. Celui du quatrième lui fera faire haut les armes quand le sixième tirera ; & en joue après que le troisième aura fait feu. Celui du cinquième fera faire haut les armes quand le troisième tirera ; & en joue après que le quatrième aura fait feu. Et celui du deuxième fera

faire

faire haut les armes quand le quatrième tirera ; & en joue après que le cinquième aura fait feu.

Le Capitaine de Grenadiers qui aura paffé à la droite de fa compagnie, lui fera faire haut les armes quand le cinquième peloton tirera : le Capitaine de piquet qui aura paffé à la gauche de cette troupe, lui fera faire haut les armes quand le deuxième peloton tirera ; & lorfque le piquet aura tiré, le premier peloton pourra recommencer haut les armes, ayant eu quatorze temps pour recharger.

QUAND le Major demandera que le bataillon faffe feu par manches, *Par manches.*

Le plus ancien Officier du premier & du troifième pelotons leur fera les commandemens, & ils les exécuteront enfemble.

Le fecond & le quatrième pelotons feront haut les armes, quand la première manche fera feu.

Le cinquième & le fixième pelotons feront haut les armes, quand la deuxième manche fera feu.

Les Grenadiers feront haut les armes, quand la troifième manche fera feu ; & le piquet, quand les Grenadiers feront feu ; & quand le piquet mettra en joue, la première manche pourra recommencer à faire haut les armes, ayant eu quatorze temps pour recharger.

QUAND le Major demandera que le bataillon faffe feu par demi-rang, *Par demi-rang.*

Le Commandant du bataillon fe plaçant entre le cinquième & le fixième pelotons, fera à droite, pour faire les commandemens à la droite du bataillon ; & quand le demi-rang aura fait feu, il fera demi-tour à droite pour en faire faire autant à la gauche.

Dès que la gauche du bataillon aura fait feu, le Capitaine des Grenadiers fera les commandemens à fa compagnie,

G

& quand elle aura fait feu, le Capitaine du piquet lui fera les commandemens à son tour, de sorte que le premier demi-rang pourra recommencer de faire haut les armes quand le piquet fera feu, ayant eu quatorze temps pour recharger.

Feu en avant par sections ou par pelotons.   On ne fera tirer le bataillon, en marchant en avant, que par sections & par pelotons; le Major avertira:

Prenez garde à vous, bataillon, pour faire feu en marchant par section (ou par peloton).

Le bataillon marchant le petit pas, le Commandant du premier demi-peloton *(ou peloton)*, lui commandera:

1. *Haut les armes.*
2. *Marche.*
3. *Halte.*
4. *Genou en terre.*
5. *En joue.*
6. *Feu.*
7. *Chargez vos armes.*

Au deuxième commandement, le demi-peloton *(ou le peloton)*, le Commandant étant à la droite, marchera en avant quatre pas redoublés.

Le troisième commandement étant fait, au quatrième pas le Soldat ne l'achèvera pas, & joindra seulement le pied droit sur l'alignement du gauche.

Pendant l'exécution de ces commandemens le bataillon continuera de marcher le petit pas.

Ce feu se suivra de demi-peloton en demi-peloton *(ou*

de peloton en peloton), finissant par les Grenadiers & le piquet, dans le même ordre qu'il a été dit pour le feu de pied ferme, exécuté par ces différentes divisions.

Le Commandant de chaque division aura attention de la faire marcher assez à temps pour qu'il puisse la faire mettre en joue quand il entendra le feu de celle qui doit tirer avant la sienne.

POUR faire feu en se retirant, le Major avertira : *Feu de retraite.*

Prenez garde à vous, bataillon, pour faire feu en retraite par section (ou par peloton).

L'Officier commandant la première section *(ou le premier peloton)* lui commandera :

1. *Halte.*
2. *Demi-tour à droite.*
3. *Genou en terre.*
4. *En joue.*
5. *Feu.*
6. *Chargez vos armes.*

Au huitième temps de ce dernier commandement, le Soldat qui, dans le maniement des armes doit avoir le corps effacé sur la gauche, se tournera sur la droite, ainsi que ses armes, pour avoir plus de facilité à charger en marchant en arrière pour aller reprendre sa place dans le bataillon.

Ce feu se suivra de section en section *(ou de peloton en peloton)* dans le même ordre & avec les mêmes attentions qui ont déjà été expliqués.

LORSQU'APRÈS avoir passé un défilé, la compagnie de Grenadiers sera arrivée sur le terrain qu'elle doit *Feu en se formant en avant par le centre.*

occuper, & que le piquet fera affez près d'elle pour la foûtenir, le Capitaine lui fera faire feu par compagnie ou par demi-compagnie, & le piquet en fera enfuite autant.

A mefure que les pelotons arriveront & qu'ils fe formeront chacun à fa place, les Officiers qui les commanderont leur feront faire feu fucceffivement par pelotons ou par fections, felon qu'il fera ordonné; obfervant de ne tirer que quand la compagnie de Grenadiers & le piquet allant gagner la droite & la gauche du bataillon, les auront laiffés à découvert.

Si ce feu languiffoit par le retard de l'arrivée des pelotons, les Capitaines des Grenadiers & du piquet auront attention de le foûtenir par les différentes décharges qu'ils feront faire à leurs troupes.

Feu en fe formant en arrière par les aîles.
LORSQUE pour repaffer le défilé, la compagnie de Grenadiers & le piquet longeront le front du bataillon pour aller fe placer au centre.

Le Commandant du deuxième peloton qui doit fermer la gauche du bataillon, le fera tirer avant d'être couvert par le piquet.

Le premier peloton en fera de même avant que les Grenadiers le couvrent, mettant en joue auffi-tôt qu'il aura entendu le feu du fecond, & tous les autres ainfi fucceffivement, à mefure que le piquet & les Grenadiers en approcheront.

Les Commandans des pelotons obferveront de ne faire recharger les armes que lorfque ces pelotons ayant fait demi-tour à droite fe trouveront à couvert du bataillon.

Tous les pelotons ayant repaffé le défilé, le piquet & les Grenadiers feront feu fucceffivement avant de faire demi-tour à droite pour y entrer.

Feu de colonne.
ON fera faire feu aux colonnes des deux efpèces qui

auront été formées pour marcher en avant, ou pour marcher par la droite ou par la gauche.

Pour cet effet, le Major fera cet avertissement :

Prenez garde à vous, pour faire feu par sections (ou par pelotons).

La colonne d'un bataillon formée pour marcher en avant, ne pourra faire feu que par les deux pelotons de chacun de ses flancs, la compagnie de Grenadiers qui est à sa tête & le piquet qui est à sa queue.

Si c'est par section qu'elle doit tirer, les droites des premier, quatrième, troisième & deuxième pelotons, de la compagnie des Grenadiers & du piquet, feront haut les armes successivement à deux temps d'intervalle l'une de l'autre, & ensuite les gauches.

Si c'est par peloton, le quatrième peloton fera haut les armes quand le premier fera en joue; ensuite, & dans la même progression, le deuxième & le troisième pelotons, les Grenadiers & le piquet.

La colonne de deux bataillons, formée de même pour marcher en avant, ne pourra faire feu que par les trois pelotons de son flanc droit, les trois pelotons de son flanc gauche, les deux compagnies de Grenadiers qui feront à sa tête, & les deux piquets à la queue.

Si on fait tirer la colonne par sections, les mêmes divisions de chaque bataillon pourront faire haut les armes, & tirer chacune à un temps de distance, & successivement les divisions suivantes dans l'ordre ci-après, savoir ; les droites des premier, cinquième & troisième pelotons des compagnies de Grenadiers & des piquets, & ensuite les gauches de ces mêmes divisions.

Si on fait tirer cette colonne par pelotons, les divisions exécuteront les commandemens dans le même ordre à deux temps de distance.

La colonne d'un bataillon, formée sur sa droite, aura deux pelotons à son front pour faire feu, & autant à sa queue ; mais elle n'aura, pour couvrir ses flancs, que la compagnie des Grenadiers & le piquet, & le secours qu'elle pourra tirer des quatre files de droite & de gauche des sections des aîles.

Elle pourra faire feu dans la même progression que la colonne formée pour marcher en avant, soit par sections ou par pelotons ; observant seulement de faire tirer les petites divisions des sections des aîles, avant les Grenadiers & les piquets.

La colonne de deux bataillons, formée sur la droite, pourra faire feu par les trois pelotons de son front & les trois pelotons de sa dernière division ; & sur ses flancs, par ses deux compagnies de Grenadiers & ses deux piquets, ainsi que par les quatre files de la droite & de la gauche des sections des aîles.

On pourra faire tirer cette colonne dans le même ordre que celle de deux bataillons, formée pour marcher en avant, soit par sections ou par pelotons, avec l'attention de faire tirer les files des sections des aîles, avant les Grenadiers & les piquets.

Feu de chauffée. U N bataillon étant formé en colonne, soit par sections, par pelotons, par manches ou par demi-rangs, si on veut qu'il fasse feu en marchant en avant dans cet ordre sur une chauffée ou autre passage coupé de droite & de gauche :

Le Capitaine des Grenadiers, marchant avec fa compagnie à la tête de la colonne, lui fera faire haut les armes, puis marchera cinq ou fix pas redoublés, après lefquels il fera mettre genou en terre, faire feu, & retirer fes armes.

Dès que les premiers rangs feront relevés il partagera fa troupe en deux, une moitié fera à droite, & l'autre moitié à gauche, & chacune de ces moitiés marchera devant elle pour gagner, l'une le flanc droit, & l'autre le flanc gauche de la colonne. Les quatre premières files de la droite, & les autres fucceffivement de quatre en quatre, feront à droite dès qu'elles auront débordé le front de la colonne, & marcheront au petit pas le long de fon flanc jufqu'à ce qu'elles en aient débordé la queue; alors elles feront à droite par quatre files pour venir reprendre leur place derrière la dernière divifion, où elles feront face en tête par un quatrième à droite.

L'autre moitié exécutera la même chofe fur le flanc gauche de la colonne, en faifant des à gauche au lieu d'à droite.

Toutes les divifions feront fucceffivement la même manœuvre.

On obfervera, dans la pratique de cette méthode, de remplir le front du terrein, de manière qu'il n'y ait d'efpace libre de chaque côté de la troupe que ce qu'il en faudra pour laiffer paffer quatre hommes de front.

On fera auffi faire le feu de retraite au bataillon marchant fur le même terrein à colonne renverfée.

L'Officier qui commandera la dernière divifion, lui fera faire, *haut les armes, demi-tour à droite, genou en terre, en joue, feu,* & *retirer les armes.*

Dès que les premiers rangs feront relevés, il lui fera faire à droite & a gauche par moitié, pour aller légèrement fe reformer à la tête de la colonne.

Dès que cette troupe aura laissé celle qui suit à découvert, elle fera pareillement demi-tour à droite, & le reste de cette manœuvre jusqu'à la dernière division, après laquelle la première troupe la recommencera, s'il le faut, & les autres successivement.

Pendant cette retraite, le bataillon marchera toûjours un pas égal.

On pourra, si l'on veut, faire tirer successivement les deux moitiés de la division, afin que l'une puisse protéger l'autre pendant qu'elle fait feu.

Feu de retranchement. ON fera faire aussi au bataillon le feu de retranchement par rang de demi-peloton.

Il restera pour cet effet un Officier à chaque section, les autres Officiers & Sergens se retireront derrière les rangs, & on tiendra les files assez ouvertes pour que les Soldats du rang qui aura tiré, puissent passer aisément derrière les autres en chargeant leurs armes.

L'Officier commandant chaque section qui sera à sa droite ou à sa gauche, selon qu'elle sera formée par la droite ou par la gauche, commandera successivement à chaque rang de cette section :

1. *Haut les armes.*
2. *En joue.*
3. *Feu.*
4. *Demi-tour à gauche.*
5. *Marche.*

Dès que les Soldats du premier rang auront fait feu, ils retireront tout de suite leurs armes le bout haut.

Au cinquième commandement, ils marcheront neuf petits pas, pendant lesquels ils exécuteront les sept premiers temps

temps du cinquante-sixième commandement du maniement des armes.

Lorsqu'ils seront arrivés sur l'alignement qu'occupoit le quatrieme rang, ils feront encore demi-tour à gauche, & continueront à marcher le petit pas, achevant de charger leurs armes pour revenir faire leur seconde décharge.

A mesure que les Soldats d'un rang auront tiré, ceux du rang qui le suit, passant entre ses files, viendront se former sur le même alignement du premier rang, où l'Officier commandant la section leur fera les mêmes commandemens.

Quand le premier rang d'un demi-peloton fera feu, on commandera *haut les armes* à celui de l'autre moitié du même peloton, & ainsi de même à chaque rang.

La compagnie de Grenadiers & le piquet seront aussi partagés par moitié pour tirer dans le même ordre, à moins qu'on n'en veuille réserver le feu.

DU RALLIEMENT.

Pour accoûtumer les Soldats à se rallier & à se remettre d'eux-mêmes en bataille, on observera quelquefois, soit après le maniement des armes, ou après des évolutions, de leur faire porter le fusil la crosse haute ; & en leur faisant faire un demi-tour à droite, de les envoyer à la paille, ayant attention à ce qu'ils se mêlent bien ensemble.

Pendant ce temps, un Officier major, avec les Officiers qui porteront les drapeaux, les Sergens qui doivent les garder, & un Tambour, iront se placer dans un nouveau terrein, où l'Officier major fera tourner les Officiers chargés des drapeaux du côté où le bataillon devra faire face, qui sera, autant qu'il sera possible, différent de la position ou il étoit précédemment.

Lorsque cette difpofition aura été faite, le Tambour appellera, & dans l'inftant on battra *aux drapeaux*.

Les Soldats mettront auffi-tôt le fufil fur le bras gauche, & ils viendront rejoindre leurs drapeaux le plus vîte qu'il leur fera poffible, ayant leurs Officiers à leur tête.

Les Officiers & Sergens rallieront promptement leurs compagnies, & leur feront reformer les rangs tels qu'ils étoient précédemment.

DES BATTERIES DES TAMBOURS,
& des fignaux relatifs aux évolutions.

COMME il n'eft pas poffible que la voix des Officiers majors fuffife pour qu'ils fe faffent entendre fur l'étendue d'un front de plufieurs bataillons, & que pour y fuppléer on eft obligé de fe fervir des Tambours, il eft indifpenfable de régler non feulement les batteries qui doivent annoncer chaque mouvement, mais encore les fignaux par lefquels le Major doit faire entendre aux Tambours celles qu'ils ont à faire, afin que cette règle étant uniforme dans toutes les troupes, lorfque plufieurs corps fe trouvent joints enfemble, tous les Tambours puiffent entendre le fignal de celui qui commande, & que tous les régimens fe meuvent également à la même batterie.

C'eft ce qui a engagé à donner le détail ci-après des batteries, par lefquelles chaque mouvement devra être défigné, & des fignaux qui défigneront chaque batterie.

Batteries. Pour raffembler une troupe, ou pour lui faire ferrer les rangs lorfqu'elle eft raffemblée, on fera *appeler* les Tambours.

Pour marcher en avant, on battra *aux champs.*

Tout mouvement qui n'aura point été indiqué, fera annoncé par un roulement s'il doit fe faire par la droite, & par deux fi c'eft par la gauche.

Si le bataillon doit fe rompre par fection, après un ou deux roulemens on donnera un coup de baguette, deux fi c'eft par pelotons, trois fi c'eft par manches, & quatre fi c'eft par demi-rangs.

Le bataillon étant rompu fe reformera dès que l'on battra *aux drapeaux,* & marchera devant lui en bataille, foit qu'on continue cette batterie, ou qu'on batte la charge, même fi l'on battoit aux champs, à moins que cette batterie n'eût été précédée de roulemens.

Si le bataillon doit marcher par le centre, on l'annoncera en battant *l'affemblée,* & marquant les divifions par les coups de baguette qui précéderont cette batterie.

Lorfqu'il devra marcher par les aîles en arrière, on battra *la breloque,* après avoir défigné de même les divifions par des coups de baguette.

Les bataillons entiers feront un quart de converfion, quand après un ou deux roulemens fuivis de cinq coups de baguette, les Tambours battront *aux champs:* s'il y avoit plus d'un bataillon, on ne donnera point de coups de baguette après les roulemens quand on voudra leur faire faire enfemble le quart de converfion.

Pour doubler les divifions, on fera trois roulemens qui feront fuivis d'un coup de baguette, fi les premières divifions doivent fe jeter fur la droite; & de deux coups de baguette, fi les deuxièmes divifions doivent fe jeter fur la gauche :

On fera les mêmes batteries pour dédoubler les divifions.

Pour tripler les divifions, on fera quatre roulemens fuivis d'un coup de baguette, & on les fera remettre par la même batterie.

Le bataillon fera demi-tour à droite si l'on bat *la retraite*, & marchera devant lui.

On cessera de marcher toutes les fois que les Tambours cesseront de battre.

On battra *la breloque* pour envoyer les Soldats à la paille.

Signaux. A l'égard des signaux que le Major devra donner aux Tambours ;

Il agitera sa canne circulairement autant de fois qu'il voudra que les Tambours fassent des roulemens.

Il marquera de même avec sa canne les coups de baguette qu'ils devront donner.

Pour faire battre *aux champs*, il lèvera sa canne droite le bout en haut, ayant le bras tendu à la hauteur de l'épaule.

Pour faire battre *aux drapeaux*, il aura le bras tendu, le poignet tourné en dedans, de façon que la canne croise horizontalement devant lui à la hauteur de la cravatte.

Pour faire battre *la charge*, il portera sa canne directement devant lui, le bout en avant, ayant le bras tendu.

Pour faire *appeler*, il mettra sa canne sur l'épaule.

Pour faire battre *la retraite*, il prendra sa canne par le milieu, le poignet tourné en dedans, le bras tendu à la hauteur de la cravatte.

Pour faire battre *l'assemblée*, il prendra sa canne par la pointe, le bras tendu devant lui à hauteur de la cravatte, & la tiendra perpendiculaire le bout en bas.

Pour faire battre *la breloque*, il tiendra la canne pendue par le cordon, la main plus haute que la tête.

DES REVUES.

Lorsqu'un régiment ou bataillon devra paſſer en revûe ;

Si c'eſt devant un Officier général ou quelqu'autre perſonne de diſtinction, il ſera formé comme il doit l'être devant l'ennemi; à la ſeule exception que les Capitaines feront chacun devant le centre de leur compagnie, à deux pas de diſtance du premier rang, ayant leur Lieutenant à leur gauche ou à leur droite, ſelon que leur compagnie ſera formée par la droite ou par la gauche: & alors les Sergens de chaque compagnie rempliront les places que ces Officiers devroient occuper dans le premier rang du bataillon.

S'il s'agit d'une revûe de l'Inſpecteur ou du Commiſſaire des guerres, les compagnies partiront du quartier, rangées ſuivant l'ordre de l'ancienneté de leurs Soldats; & elles prendront cependant dans le bataillon le rang qui eſt marqué à chacune pour la formation des pelotons.

A l'égard des Drapeaux, lorſqu'ils ſeront arrivés à la tête du bataillon, ils ſe placeront devant les deux pelotons du centre; & les Officiers, Sergens & Soldats du piquet qui auront été les chercher, iront par derrière le bataillon prendre leur rang dans les compagnies dont ils ſeront.

Dans l'un & l'autre cas, les Drapeaux étant placés, le Major fera ôter la bayonnette, & mettre le fuſil ſur l'épaule.

Si, pour la revûe de l'Inſpecteur ou du Commiſſaire, on veut faire mettre les compagnies ſur un même rang, on se servira d'une des deux méthodes ci-dessus indiquées pour faire border la haie par compagnie.

Alors les Officiers, Sergens & Tambours, se placeront à la tête de leurs compagnies.

Si on fait défiler les compagnies par quart de rang ou autrement, le Capitaine marchera quatre pas en avant du premier rang de sa compagnie, le Lieutenant à sa gauche un peu en arrière, les Sergens un pas derrière le Lieutenant, & le Tambour un pas derrière les Sergens.

On fera les livrets dans le même ordre que les compagnies seront rangées.

FAIT à Versailles, le vingt-neuf juin mil sept cent cinquante-trois. *Signé* M. P. DE VOYER D'ARGENSON.

www.ingramcontent.com/pod-product-compliance
Lightning Source LLC
Chambersburg PA
CBHW070209230526
45471CB00002B/883